U0100243

大展好書　好書大展
品嘗好書　冠群可期

大展好書　好書大展

品嘗好書　冠群可期

武術特輯
135

二十八式簡化
陳式太極拳圖解

竇漢東 編著

大展出版社有限公司

第五屆國際太極拳年會名人名家在陳家溝太極祖祠合影

第二屆河省南焦作國際太極拳年會名家合影
前排：馬虹、曾乃梁、竇漢東、瞿維傳、陳慶州等
後排：陳思坦、王二平、曾永福等

馮志強、陳立清、陳正雷、楊振鐸、竇漢東等

第四屆國際太極拳年會秘書長會議合影

作者與馮志強（中）
陳慶州（左）
在國際年會上合影

作者與陳小旺（中）
陳正雷（右）
在國際年會上合影

作者與門惠豐教授
合影於河北邯鄲

作者與部分弟子合影於山東兗州

作者在國際年會上作名家表演

作者在湖北武當山晨練

賀二十八式簡化陳式太極拳圖解一書出版

中華武術
姆之瑰寶

張山二○○七年十二

張山：曾任中國武術研究院副院長、中國武術協會副主席、
　　　國際武聯技術委員會主任

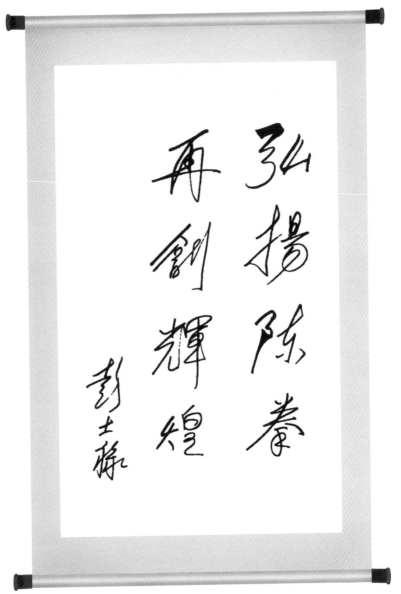

弘揚陳拳

再創輝煌

彭士祿

彭士祿：彭湃烈士之子、院士

賀太極同仁實漢京新作出版

弘揚太極

陳慶州題

陳慶州：第十一代陳式太極拳傳人，中國溫縣慶州武術院院
　　　　長，國際太極拳年會副秘書長，太極大師

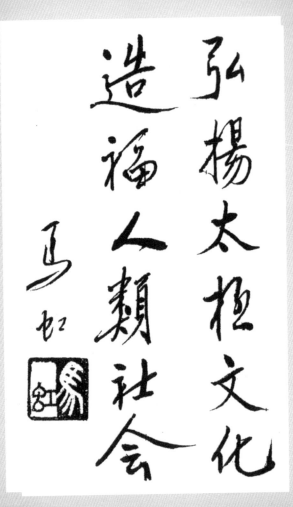

弘揚太極文化
造福人類社會

馬虹

馬虹：第十一代陳式太極拳傳人，石家莊陳式太極研究會會
　　　長，國際太極拳年會副秘書長，中國民間武術家聯誼
　　　會副會長，太極大師

作者簡介

竇漢東，1936年生，祖籍安徽，中共黨員，大專學歷，革命軍人，陳式太極拳第十一代傳人，國家一級武術裁判、武術八段、武當百傑、太極大師；上世紀50年代習練外家拳、械，60年代至今主習陳式太極拳。退役後任南京造船廠人武部部長，兼南京市武術運動協會常委、副秘書長。

現爲江蘇南京陳式太極拳研究會會長（法人代表），兼國際太極拳年會副秘書長，世界文化藝術研究發展中心研究員，國際名人協會理事，中國民間武術家聯誼會副會長等。

出席過「建軍積極分子」代表大會、「海內外傑出人物」座談會等，受到黨和國家領導人的親切接見。幾十年來學習、研練陳式太極拳，得到陳家溝陳式太極拳真傳，深得太極精義，拳藝精湛，多次榮獲省、市、全國及國際武術大賽「金杯獎」和「銀牌獎」。多年傳拳於軍隊、地方及國內外，弟

子頗多，學生逾萬，不少弟子、學生在武術大賽中獲得好名次，曾多次被評爲優秀教練和裁判。

1987 年參研成立南京市武術協會教學總站，1991 年策畫創辦南京精武武術館，1992 年創辦南京陳式太極拳研究會；1992 年榮獲江蘇省政府和省軍區嘉獎，1993 年獲公安部榮譽獎章和證書。2005 年經國家權威部門審批，由國家郵政局、郵票印製局出版發行的個人郵票「藝術人生」面世。2008 年被授予全國勞動英模稱號。

擁有著作權的作品多部，如《太極拳的形成和發展》《氣功與太極》《太極拳入靜練意》《太極拳推手》《太極感悟》《48 式太極棍》《48 式太極劍》等著作和論文。

個人傳略被收入《中國陳式太極拳志》《中國當代武林名人志》《中國當代武術大辭典》《世界人物辭海》《中國百科專家人物傳略》《世界文化文庫》等多部辭書中，爲「世界學術貢獻獎」獲得者，並被授予當代「翰墨藝術家」「東方之子」等榮譽稱號。

前
言
／
13

前　言

　　中華武術源遠流長，作爲武術重要拳種之一的太極拳，深受國內外民眾的喜愛。太極拳具有保健醫療、修心養性的重要價值；套路演練舒展大方、形神兼備，特別是陳式太極拳的剛柔相濟、快慢相間、螺旋纏繞、平衡陰陽的獨特風格令人觀止。

　　傳統太極拳套路甚多，學習費時難練；陳式太極拳要求更高。本書是在新、老「陳式太極拳」及「陳式太極拳競賽套路」的基礎上加以精簡和編排，並採用圖文並茂的形式編著而成的。

　　全書編成三章，全套路分爲四段、二十八節（名稱），並由弟子、國際太極拳名師、國際武術大賽金牌獲得者徐一鵬配套路圖示123個，演練時間爲4～5分鐘。本套路更易學易練，可在較短時間內掌握一套簡化完整的陳式太極拳套路，爲深造打

下良好基礎；也適合交流與比賽。此套路已在不少地區普及推廣，深受歡迎。

2007年10～11月份，弟子馮其富參加湖北省宜昌市首屆太極拳邀請賽及江蘇省南京鼓樓杯首屆武術精英公開賽，均獲二十八式簡化陳式太極拳金牌獎。現特編著本書面世，誠望同仁共研討並指正。

在編著此書過程中，弟子茆仁雙給予了協助；並得到原中國武術研究院副院長、中國武協副主席、國際武聯技術委員會主任張山先生的鼓勵和指點；得到江蘇省南京市下關區體育局、安徽科學技術出版社的大力支持，在此深表謝意！

竇漢東

目　錄

第一章

概　述

一、太極拳的形成與發展

太極拳在我國有著悠久的歷史，其優雅飄逸的動作和外柔內剛、快慢相間的拳架，不僅具有觀賞性，更有強身健體、延年益壽之功效。

近年來，隨著我國與外界的交往逐漸擴大，很多外國朋友對太極拳從認識到著迷；太極拳被譽為「東方的芭蕾」「古樸的金剛」，在國際上的知名度越來越大。我習練太極拳數年，深愛著這項運動。

(一)「太極」一詞源於《易經》

要深研「太極拳」的奧秘，必須從《易經》開始。被譽為東方文化明珠的《易經》在西漢時就被

列入儒家的五經之首，被世人稱為「天書」。

《易經》是一種經文，它是由卦、爻兩種符號和卦辭、爻辭兩種文字構成，為占卦用的。《易經》中的部分內容反映了上古社會的一些情況，保存了古人的一些思想認識片段資料，其中的陰陽概念和「無平不陂，無往不復」的觀點，含有樸素的辯證法思想。

《易經》中說：「形象未分謂之太易，元氣始萌謂之太初，氣形之端謂之太始，形變有質謂之太素，質形已具謂之太極。」

在宇宙之初、天地未分、萬物未生的混沌狀態叫做「無極」，即無可窮盡、無邊無際、無限制，此乃事物之本體。而「太極」則是指在宇宙的演變過程中天地已分，已生化出具有運作能力的具體事物的狀態，即質形已具的狀態。

太極拳不僅以「太極」命名，同時以「太極」學說作為解釋拳理的依據。把太極拳的義理，置於一個博大精深的中國古老的傳統文化之中。它是人類尋求健康長壽的法寶。

（二）「太極圖」的形成及太極拳的產生

「太極」一詞在《易經》中出現，是世界文化史上的一個奇蹟。相傳《易經》是由伏羲、文王、孔子三位聖人相襲完成的。《易經》對我國乃至世界科學文化的發展，起著積極的推動作用。它被譽為「打開宇宙迷宮之門的金鑰匙」，是哲學中的「哲學」。

「太極圖」出於《易經》，本為解釋宇宙形成的一種形象圖說，它代表宇宙物質運動的普遍規律。而「太極圖」中的陰陽八卦實質上就是宇宙的全息圖。太極拳的框架，就是依據陰陽八卦創編的。

春秋戰國時道家的「丹士」，根據《易經》的理論，演繹出「煉丹術」，追求長生不老，認為「人可以與日、月同壽，人可以與自然融為一體，達到天人合一」。

到漢代，道家思想進一步發展，他們把《易經》闡述宇宙起源與發展的觀點看成是「易有太

極，太極生兩儀，兩儀生四象，四象生八卦」，稱之為「道」。這與道家的始祖老子提出的「道可道，非常道」的思想完全統一，認為道是「宇宙變化運轉」的規律，並認為「天地萬物」無不有道的產生，人的一切活動也無不遵循「道」的規律。

到了宋代，「道學」又稱「玄學」，官府中設有「玄學館」，一時甚火。當時的儒家出現了三大思想家，即周敦頤和追隨周的程頤、朱熹。程、朱的儒家思想基礎是吸收了《易經》的「道」，認為太極就是「理」，這個理乃是「天下萬物之理」，從而形成中國哲學史上著名的「理學」。

就是這時，周敦頤將《書經》中的「五行」（金、木、水、火、土）與《易經》中的「象」「數」之理結合推演出「陰陽之變而生五行」的道理。於是一部影響極大的《太極圖說》問世了，一幅包含「無極」而「太極」、「太極」而「五行」的原始「太極圖」制定而出。這是用圖解形式說明《易經》中的「太極」的深刻含義的重大發明。起初「太極圖」是條形的，有五行而無八卦，雖然是

原始的，但它畢竟是一個偉大的發明。

宋、元之交，由易學而理學、玄學，加之佛學，由此，儒、道、佛三家思想在中國社會融為一體，並很快占統治地位。

到明、清，陰陽五行之說極為流行，上至官府，下至平民百姓的各個角落，可謂達到了鼎盛時期。這時的「太極圖」已完善成今天我們見到的樣子，即：黑、白相間，陰中有陽，陽中有陰，陰陽互變，形象運動。形象的圖形，展現了深奧的哲學思想。

隨後「太極圖」便成了「圖騰」，在社會上成為民眾敬奉的神靈。宮廷、廟宇、牌位、古玩、雕刻、衣冠、服飾，無處不有「太極圖」。代表這種思想的圖案能如此普及和深入民心，是任何一種哲理和形式都替代不了的。

一個陰陽「太極」席捲神州大地的哲學時代，以陰陽學說為其思想核心，突出動靜、開合、剛柔、虛實、內外、方圓、進退、起伏等深奧哲學思想的「太極拳」應運而生。所以說太極拳是中國哲

學史上一個重要產物。它具有深層的哲學意義，體現了古代哲學思想發展的偉大成果和宇宙觀。

（三）「太極圖」的含義

太極圖由三個相互關聯的內容組成，古人用狀若兩條魚重疊而成的圖形符號表示。白方表示陽，黑方表示陰；白方中黑點表示陽中有陰，黑方中白點表示陰中有陽；外周之圓表示無極。

太極的含義有三個層次。

第一層次是指天、地、人，白方示天，黑方示地，兩部交接之處示人。黑方中白圈為天之中點，示靜極而動，陰極生陽；白方中黑點為地之極點，示動極而靜，陽極生陰；天地氣交則進化出人類，故人屬中部。周敦頤說，「立天之道，曰陰曰陽；立地之道，曰柔曰剛；立人之道，曰仁曰義」，「聖人定以中正仁義而主靜，立人極焉」。中部亦表其他事物，古人說：「天地動行，施氣也，施氣，物乃生」，「言人者，求之氣交……何謂氣交？曰上下之位，氣交之中，人之居也。氣交之

分，人氣從之，萬物由之」，「天出其精，地出其形，合此為精，以成為人」。既然天地氣交成為人，因此欲盡天年，度百歲才去，必須達到天、地、人之氣相融為一的狀態，即混元歸一。

第二層含義是指形態與機能，即形與神，萬物皆由氣生，生物之太極則由形、氣、神組成。神主外為動，為陽；形為本，主靜，為陰；形通過氣相聯結。人之太極陽方為神，陰方為形，形神相聯繫的中部則為氣；要具有旺盛的生命力，必須保持形、氣、神三位一體的狀態，但關鍵在於氣。《淮南子》說：「形者，生之舍也；氣者，生之充也；神者，生之制也；一失位則三者傷矣。」《太平經》說：「夫人本生混沌之氣，氣生精，精生神，神生明。本於陰陽之氣，氣轉為精，精轉為神，神轉為明。欲壽者當守氣而合神，精不去其形，含此三合以為一，外則彬彬自見，身中形漸輕，精益明，光益精，必中大安，欣然若喜，太平氣應矣。」第二層含義還包括精、氣、神，白方為神，黑方為精，中部為氣；白方之黑點示神靜而生精、

動極而靜則精產，神靜則精固，黑方白圈示精盛生神，精固而盛則神全。

第三層含義是指練功中的具體法則，言動靜、鬆緊、剛柔、虛實等必須相合一體，符合天地運化萬物之規律，所謂「靜而與陰同德，動而與陽同波」，順應四時而攝生，即《內經》所言「提挈天地，把握陰陽」。只有法歸自然，符合生命運動及天地化育萬物的規律，才能利於生命。

（四）太極拳的發展

太極拳初具雛形以後，經過歷代的演變發展，以及無數前輩名家的不懈追求和研究，刻苦磨練，延傳至今，逐漸形成了廣為流傳的六大門派，即：陳式太極拳、楊式太極拳、武式太極拳、孫式太極拳、吳式太極拳和趙堡太極拳。

他們的發展，可追溯到我國明代初年大移民之時。洪武5年（西元1372年），河南溫縣陳家溝陳氏始祖陳卜，率家族由山凱撒州郡（今晉城）東土河村移居洪洞，後被迫南遷河南懷慶府（今沁陽

市）溫縣城北。因陳卜為人忠厚謙誠，德高望重，深得鄉里擁戴，故將居地命名為陳卜居，延用至今。

數年後，因該地地勢低窪，不宜居住，遂率家族南遷青風嶺一帶的常陽村。陳氏家族人丁興旺，加上該地溝壑縱橫，久而久之，乃易常陽村名為陳家溝。陳氏以耕讀傳家，為保護自身安全，就利用耕讀餘閒，晝夜習武，這種健身保家的優良傳統，代代相傳。經長期鍛鍊，反覆實踐，並汲取其他武術之長，最早創立了「陳式一百零八式長拳」。

陳氏九世祖陳王庭（約 1600～1680）又名奏庭。明末武庠生，清初文庠生。自幼隨從先輩習文練武。他天資聰慧，勤奮好學，在長期刻苦鍛鍊中肯鑽研、勤切磋，深得家傳武術精髓，而且熟讀諸子百家，涉獵經史子集，堪稱「文事武備，卓越於時」。

他在家傳拳術的基礎上，博採各派之優，應用太空星球運動哲理，把「吐納」「導引」「陰陽」變化融彙一體，創造了陳式太極拳，並總結撰寫了

有關論述。後來由於天長日久，屢遭天災人禍，這些寶貴資料多已失散，今傳下來的僅剩「拳經總歌」和「長短句」。

清乾隆年間，陳式太極拳已名震四海。河北永年縣人楊露禪（1799～1872），又名楊福魁，來到陳家溝師從陳氏十四世祖陳長興（1771～1853）習練陳式太極拳，達近20年之久。學成返鄉後，傳其子班候、健候。健候再傳其子少候、澄甫。班候又傳滿人吳全佐。吳全佐傳其子吳鑒泉（1870～1942）。

陳氏十五世祖陳清萍（1795～1868），自幼從陳氏十四世族叔陳有本學拳，成年後在陳家溝東北五里許的趙堡鎮做糧行生意。並傳拳給張開、張睪山和兆元及陳新莊的李景炎（又名李盾）等。

河北永年縣人武河清（1812～1880），又名武禹襄，初學於楊露禪，後又學於陳清萍。武河清傳其甥李亦畬。李又傳郝為真（1849～1920）。郝傳其子郝月如和孫祿堂（1860～1932）。月如傳其子少如。

自陳長興、陳清萍等人將陳式太極拳外傳後，數十年間，弟子遍及北方諸省。他們又在各自習練陳式太極拳的基礎上，根據各人所學之長，先後形成了楊、吳、武、孫及趙堡諸門派。

二、太極拳的魅力與健身

(一)太極拳的魅力

深受古今世人所喜愛的中華太極拳，人們常問它的魅力所在。是的，太極拳沒有拳擊那樣激烈刺激，沒有足球運動那樣震撼人心，也沒有滑冰那樣富有旋律，但它具有文明高貴的民族精神，是全民健身的至寶，世界文化交流的橋樑……

回顧古樸的中華太極文化史，我們就會知道，太極拳承受過歷代痛苦的煎熬和抉擇，經歷過嘔心瀝血的鍛打和改造，經受過中國古代哲學、力學、醫學、美學等的洗禮，才逐步形成獨具民族風格的太極拳練功方法和運動形式。太極拳長期繁衍，歷

久不衰，乃是它具備了高深的中華民族文化內涵積澱所形成的魅力。

太極拳講究方法巧、運用妙，兩人交手中熟練運用「黏、連、沾、隨、不丟不頂」，善用四兩撥千斤之巧力。它的技法特點與其他武術外家功技法有明顯區別。太極拳不是以「絕對力量」「絕對速度」取勝，而是注重內功的凝聚。動中寓靜、靜中寓動、柔中寓剛、剛中寓柔、陰陽相濟，體內蘊藏著雄厚的暗功。動時則如脫韁野馬、下山猛虎勢不可擋。這種動靜互寓、剛柔相濟的矛盾運用，是辯證法的智慧結晶。

太極拳的技擊動作變化莫測，「出手不見手，挨著何處何處擊」，交手中咄咄逼人。它不僅具有技擊特效，而且具有很高的觀賞價值，更是強健肢體、壯內強外的健身妙藥。內練精、氣、神，外練手、眼、身，內外俱練，以求得身心全面發展。

太極拳走架時，「以心行氣、以氣運身」，講究「內三合」和「外三合」的內外雙修。把精、氣、神與外部形體動作緊密相合，完整一氣。做到

心動形隨、形斷意連、勢斷氣連、氣斷神連。注重「手眼身法步」「精氣神」八法的變化運用，是其他武術運動項目難以達到的。

因此，太極拳運動可使人體外部形態和內部器官都能得到良好的鍛鍊，不同層次的人群練習太極拳都能獲得較好的健身效果。如：青少年從事太極拳鍛鍊能促進生長發育、健美體格、俠仗正義、文明做人；中老年人從事太極拳鍛鍊能推遲和延緩衰老、延年益壽，提高做人的修養。

太極拳被譽為「東方的芭蕾」「古樸的明珠」，無論是套路表演，還是器械、推手比賽，自古均被世人所喜聞樂見。古人有「聞雞起舞」「一劍舞動震四方」等讚譽。特別是吞吐古今、具有磅礴之勢的陳式太極拳，個性面貌突出，更有神形兼備的神韻美；三尖相照、六合相應、一身備五弓的和諧美；動靜互寓、剛柔相濟的對比美；以巧打拙、小力勝大力的技巧美；推手較技、點到為止的武德美等。

太極拳對社會的淨化、全民健身運動的發展都

起著積極的推動作用，呈現著無與倫比的魅力。

（二）太極拳健身

太極拳是在傳統養生法「導引術」和「吐納術」的基礎上發展起來的獨特健身運動。主張「以意導氣」「以氣運身」，又具有內氣調心的功效。強調意識、呼吸和動作的密切結合，練意、練氣、練身的內外統一；始而意動，繼之內動，再之外動，是一種剛柔相濟、快慢相間、蓄發互變、以內動為統馭的獨特的拳法，是健身的至寶。

太極拳特別注重天人合一、形神合一、動靜結合、動中求靜，具有以靜禦動和雖動猶靜的特點，因而更符合運動適度的健身原則。同時太極拳的心靜用意，更易入靜，更易調配熾烈的七情對氣血的干擾和影響，從而護衛「元神」，正常發揮其調控人體身心健康的功能。

太極拳運動採用腹式呼吸方法，要求深、勻、細、緩、長的呼吸法。但初練者不要刻意追求，用通順的自然呼吸就可以了。腹式順呼吸也是達到腹

式逆呼吸的必由之路，腹式逆呼吸會加大軀體神經系統對神經的調控，從而對自主神經系統調節內臟機能產生更加良好的影響。

練習太極拳不是一般的學習拳式，而要達到功深、理明；做到周身放鬆，氣道通暢，肺氣調節周身氣行，不可使氣道結滯。使每次練拳後心情舒暢，精神飽滿；身體微出汗，增加體內的新陳代謝，從而起到祛病強身的健身功效。

任何一種運動都要有一定的強度，並且是持續時間比較長的強度，才能對人體健康有益，特別對人體的循環系統、呼吸系統產生較大的影響。運動量和持續時間的合理結合，對人體各部功能十分有益。「冬練三九、夏練三伏」，就是體現練拳的不可間斷性。每位立志習練太極拳進行養生的保健者，都應從中悟出持之以恆的道理。

所謂「功到必成」，就是一個戰勝自我的過程，也是對打太極拳養成習慣、產生興趣的過程。隨著這種轉變，一種身心健康的充實感、愉悅感、幸福感會油然而生，工作和生活質量的提高會不期

而至，對太極拳健身、療病和抗衰老三大功效就會有更深刻的認識和感受。祝願國粹太極拳健身普及社會、走出國門！

三、二十八式簡化陳式太極拳的特點

特點1

套路動作中，以螺旋纏絲為核心，呈現由內及外的圓弧運動。各動作之間的銜接，不可有明顯的停頓和斷續處，知曉「轉換」「折疊」等是一種勁力的頓挫變換和動作銜接方式，而不是動作的停頓和斷續。

特點2

運動中腰為主宰，以身帶臂，腰是上體和下體轉動的關鍵。這對全身動作的變化，對調整身型重心的穩定，推動勁力運行，都起著重要作用。拳論明示：「掌、腕、肘和肩、背、腰、胯、膝、腳，周身九節勁，節節腰中發」。

陳式太極拳的每個動作，起承開合，處處無不體現以腰為主宰的運動特點。

特點 3

二十八式雖為簡化短拳，但注重協調對稱，圓融靈活。編排上下、左右對稱，前進中必有後撐，體現對拉拔長、屈中求直的動作意向。升中有合，合中有開，周身協調一致。顯示出剛柔相濟、快慢相間、前後貫串、圓融靈活、剛柔連貫的特點。

特點 4

陳式太極拳的呼吸，是在動作的開合、虛實的變化基礎上進行的。一般規律是蓄收起屈時吸氣，發放落升時呼氣。動作是在意念的支配下進行的，練拳時一舉一動均要運用意念，不用拙力。而用意念導引內氣運行，可使氣血周流全身，疏通經絡，平衡陰陽，獲得強身健體。

因此，陳式太極拳要求意念呼吸，以意領動，以意行氣，以氣運身，意到氣到，氣到勁到。久練

之後，可內外合一，呼吸隨勢，意氣勢合。

特點5

練好陳式太極拳，首先要分明虛與實，虛實分明、穩健輕靈是陳式太極拳對兩腿進退轉換的要求。在練拳過程中，承受全部或大部體重的腿為實，另一腿為虛。只有做到虛實分明，動作才穩健靈活，進退轉換才自如。步法變換時要注意腿部移動的先後主次，腳的起落方法和方向，並且做到起腳輕，落腳穩。進退時虛腿要自然鬆垂向實腿靠攏，然後再出腿，這是保持步法輕靈穩定的關鍵。

特點6

練好陳式太極拳，要做到「十要」並達六個標準。

太極拳十要：①虛領頂勁；②含胸拔背；③鬆腰沉胯；④虛實分明；⑤沉肩墜肘；⑥用意不用力；⑦上下相隨；⑧內外相合；⑨相連不斷；⑩動中求靜，乃為太極拳相生相剋。

太極拳的六個標準：①外形正；②內勁通；③功力強；④神韻現；⑤拳理明；⑥用法精。

特點 7

練好陳式太極拳要精益求精，勤學苦練。精益求精就是要求腳踏實地，一絲不苟，從理論到技法，從功夫到套路仔細推敲，苦練不輟；先求架勢，再求精、氣、神，後求功夫；做到「冬練三九，夏練三伏」，勤學苦練，長期有恆，功夫的長進是從「一苦、二嚴、三勤、四恆」中獲得的。

四、陳式太極拳纏絲勁的義理

纏絲勁是陳式太極拳獨特內勁的運用方法。它源於腎，潤於百骸，通達九竅四梢。伸筋壯骨，使內勁收斂，增強內勁無窮。促消化，暢氣血，穩固根基，平衡陰陽，達到祛痛延年之功效。

縱觀上述真諦，並結合作者多年研練陳拳的實踐與感悟，將陳式太極拳纏絲勁的義理分述如下，

與同仁共研討，祈將纏絲勁功法傳承於世。

（一）纏絲勁之源

纏絲勁是陳式太極拳的神道，是區別於其他內家拳的重要特徵。習練陳式太極拳要求：立身中正、虛領頂勁、鬆肩沉肘、含胸塌腰、落胯；心氣下降、呼吸自然、屈膝圓襠、虛實分明、上下相隨、剛柔相濟、快慢相間。外形走弧線、內勁走螺旋；以身領手，以腰為軸纏繞圓活旋動。沒有斷續處，沒有凸凹處，沒有抽扯之形，沒有提拔之意，求渾然一體。

陳式太極拳在規範要求指導下，走架時注重旋踝轉膝、落胯轉腰、旋腕、鬆肩，以及胸腰折疊、運化之勁的引導，形成其根在足、形於腿、主宰於腰、貫穿於手指的空間曲線螺旋運動，進而逐漸產生一種似柔非柔、似剛非剛，極為沉穩而又靈活善變的內剛外柔的纏絲勁。

陳式太極拳纏絲勁，像子彈在槍膛內運行一樣，既有螺旋形的自身旋轉，又有弧線形的運行路

線。這種形象的運動弧線叫「公轉」，自身旋轉叫「自傳」。如地球繞太陽運轉走的是弧形，而地球還在自身旋轉一樣。因此太極拳要求一動全身皆動，一枝動百枝搖，周身相隨。以腰為軸，節節貫串，周身無處不彈簧，渾然一體。

（二）纏絲勁的運動方式及特點

纏絲勁的運動方式是陳式太極拳的重要特點和內在精華。因此習練套路時，必須重視纏絲勁的運用。纏絲勁分「順纏」「逆纏」「上纏」「下纏」「左右纏絲」「裏外纏絲」「大小纏絲」等百般纏法。這是陳式太極拳前人對拳法的創舉和驗證，它是結合中氣運行的。

太極宗師陳鑫說：「拳者，纏法也，不懂纏絲勁，即不懂拳。」

纏絲勁方法很多，但重點應掌握順、逆纏絲法。纏絲勁在手臂上的具體表現為：在運動過程中，手掌心由內向外翻轉為順纏，由外向內翻轉為逆纏。以太極雲手一式為例，雙手在胸前做運轉正

面纏絲時，一手下沉走下弧向裏合勁至小腹前為順纏，然後穿掌向上外翻轉拉開為逆纏。纏絲勁在腿上表觀：凡腳尖往裏合為逆纏，往外擺為順纏。其他纏法應根據身法而論。

纏絲勁中的順、逆纏絲是陳式太極拳運動的重要勁法。在運動中相互矛盾、相互依存轉化的基本纏絲法，存在於套路架式始終。在兩種基本纏絲法之下，因方位不同和變化各異，又分五種不同方位的纏絲。即：左右纏絲、上下纏絲、裏外纏絲、大小纏絲、進退纏絲。其中左右纏絲、上下纏絲的方位合成一個整圓。同時結合裏外纏絲，使平面變成立體圓，這正是太極拳螺旋運動的特色。

太極拳講究左右逢源、內外相合、周身一家，因此有大小、進退兩對方位纏絲勁的配合，達到滿足健身和技擊的特殊需求。

陳式太極拳每一個拳式，在順、逆基本纏絲勁的基礎上，要有幾種方位纏絲勁結合一起運動。只要掌握規律，就可以使動作在畫弧線運動時有一定的依據。

陳式太極拳套路中姿勢繁多，動作各異，轉換有別。但只要掌握基本纏絲勁的規律，包含所有上下纏絲、順逆纏絲、雙順纏絲、雙逆纏絲、左順右逆纏絲、左逆右順纏絲等組合纏絲法的特點，就能一一分清各種纏絲勁。

再根據拳路規範調整身形、腿法、步法，從而達到姿勢正確，熟練運用百般纏絲勁法。

（三）纏絲勁的功效

纏絲勁在陳式太極拳內氣中的功效即表現形式，是在練習中能幫助去僵求柔，達到疏通經絡、引動內氣，協調內氣與外形的結合；使內氣逐漸充實、壯大、飽滿，培根潤源，促進健身、強體；提高技擊性能和自衛防身，從而達到實戰。纏絲勁奧秘無窮，簡述如下。

1. 纏絲勁與健身的關係

練習太極拳是鍛鍊身體的好方法。經常練習能使人身體強健，精力充沛，去除疾病，延年益壽。

人體氣血每秒都在周流循環，如果氣血不暢，人就會生病。

氣血在人體內走的不是直線，而是隨經脈走曲線。陳式太極拳的纏絲勁就是引導內氣在體內循環，促使經絡沿曲線「旋轉」，引導氣血周流，加速人體內的新陳代謝，從而避免或減少疾病產生，達到養生、健體的目的。這就是陳式太極拳中纏絲勁對人體循環系統的作用。

同時陳式太極拳的纏繞螺旋運動，又有助於腸胃有序的蠕動，強化消化系統的功能，改善血液循環，增加食慾，促進食物消化和營養的汲取。所以，練習纏絲勁是防病、養心、強身的好方法。

2. 練纏絲勁能使筋骨、關節、肌肉得到全面鍛鍊

纏絲勁就是以纏絲螺旋運動方式，產生合理的生理負荷，使骨骼、關節、肌肉得到全面系統的鍛鍊。促使骨質增厚、骨徑增粗、肌肉增強並有彈性力。使各種筋骨排列更加整齊規律，加強機體內的

新陳代謝，使骨質在堅固抗拆、抗壓、抗扭轉等方面的性能得到全面提高。

3. 練纏絲勁有去僵求柔的作用

太極拳由放鬆性的纏繞螺旋運動，腱和韌帶增粗、增強，加上肌肉力量的增強，這就加大了關節的靈活性以及韌帶和肌肉的柔韌延伸性，從而使關節活動範圍加大，韌帶性能增強。

由螺旋纏絲勁的反覆擰轉絞動，使全身各部肌纖維都得到活動拉長，減少體內脂肪，肌纖維數量增加，彈性力增強，達到去僵求柔和矯正外形及健美的效果。

4. 纏絲勁有技擊、自衛禦侮之功

名曰：「渾身俱纏勁、裏外纏，皆是隨動而發」。其勁皆發於心內，隨氣運行入骨縫，外達於肌膚；內勁聚非散，則為中氣，浩然正氣。可分為：胳膊勁由心發、行於肩、過肘、至指，此為順纏法（出勁法）。由指至肩為逆纏法（倒纏法）。

技擊法運用「入勁、引勁」，使對方近於我身後發之。名曰：「引進落空」。

太極拳由刻苦鍛鍊，上升至中氣階段，聚浩然之氣，內氣充盈飽滿，在圓轉規律的前提下，運用百般螺旋纏絲法，任何外來侵力均難以得逞。如果沒有旋轉的纏絲勁，只是兩力相碰撞，則必成頂抗、頂牛狀況。

太極拳在雙方較技中，應熟練運用螺旋纏絲勁方能取勝。因為螺旋勁是曲線半徑變化，任何外力壓在螺旋體上（圓球），都會被旋轉的螺旋勁旋轉而化去。所以纏絲勁也是一種科學的化力法。

5. 陳式太極拳纏絲勁是獨特的體育運動方法，是科學的力學向心力、離心力的具體運用

螺旋纏絲勁在內氣充盈的基礎上，結合技擊用法，有幾種表現形式：

一種是受到外來侵力的衝撞時，用不失掤的旋轉力，將力點化解。若外有餘力未盡，再加纏力相助，使其落空栽倒。對方感到力點被化解隨即抽回

化勁，我再轉勁跟步加力，破其回勁，使對方跌倒。

另一種是旋轉穿透力，在借機發人時，將周身之力集中到一點，快速旋轉加力如子彈離開槍膛時的穿透之威力。這種勁力都產生於螺旋式的纏絲勁作用之中。因此技擊中的纏絲勁是極其重要的。

纏絲勁是陳式太極拳的精華、靈魂，無論其學術性、保健性、技擊性等均視為至寶。

五、樁功簡介

樁功是陳式太極拳的一項重要基本功。「練拳無樁步，建房無基柱」「練拳不站樁，等於瞎荒唐」「練拳不練功，到老一場空」。這是前人對練拳的諺語，形象地指出了樁功的重要性。

今在《二十八式簡化陳式太極拳圖解》面世之機，簡介幾種樁法供習練者參考。

（一）太極無極樁

（1）樁法：兩腳併攏，身體自然直立，兩臂自然下垂於兩腿外側，頭頸正直，眼平視似眸微閉。

（2）要領：身體正直，沉肩垂臂，虛領頂勁，胸背舒展，斂臀收腹，口輕閉，下頜微內收，舌貼上腭，全身放鬆。

（3）以鼻呼吸，採用腹式呼吸，呼吸要細勻深長。氣歸丹田。

（4）導氣法：吸氣時，想像丹田內氣向下，經會陰過長強，向後上沿督脈行至百會穴。呼氣時，想像內氣由百會穴向前下過膻中入丹田。

（5）要求：根據不同條件可選擇性地練習。每天堅持練習5～20分鐘。最好早晚各行一次，久練功成。

（二）太極拳馬步站樁

身體直立，兩腳並行分開，腳距略寬於肩，身下蹲，兩膝微屈，重心落於兩腿，身中正，頂懸鬆

腰、塌胯、含胸拔背，沉肩垂肘，眼平視。斂氣凝神，以鼻呼吸。兩臂彎屈，掌心相對，兩手如抱球，意導一升一降。一升即身略上升，兩手稍分開，吸氣貼於脊背；一降即身略下坐，兩手稍合，呼氣沉於丹田。兩手一開一合就是肺之動作。練者每次10分鐘左右，漸久漸加。

久練下盤穩固，周身內勁增加，丹田氣充足，功力增強。練拳者不可不練樁功。

(三)太極樁功大杆簡述

太極樁功，有空練和實練之分，各家練法不一，習練者可自行選擇。空練是徒手練法，實練是手中有實物。大杆不僅是練技藝，更能練好樁功勁道。我是練太極樁功大杆的受益者，感受極深。久練大杆，對穩固下盤、腰胯的鍛鍊，內臟的按摩，纏絲勁力量的增強，都非常有效。太極樁功大杆的練習是練好太極拳基本功法之一。

大杆的材質，最好是白蠟杆、藤類最佳。無法獲得上列材質者可用竹竿代替，或具有柔韌性而堅

實不易斷裂的材質均可。長度在3.5～4.5公分，根節粗、梢節細，下端握手處無包節，直徑為3.5～4.5公分。以在發力時具有彈抖性為公分。

太極樁功大杆，又稱太極沾黏杆。練法中螺旋纏絲、抖發開合、崩點紮，前刺帶滑截，是太極拳中重要功法練習。其沾黏化引發，各勁非常奧妙。練至功深時，杆如手，周身之勁可直達杆頭，猶如水銀裝在管中，發可至首，收可至尾；練至功高則臂力無比。

【練式】

盤架中，頂懸身正，含胸拔背，沉肩垂肘，塌腰鬆胯，尾閭中正，氣沉丹田，全以腰腿之勁。練時左足向前，右手執杆尾部，左手在右手前執杆。兩腳分開如弓似馬步法。周身放鬆，虛領頂勁，細深呼吸，起式開始。身體微右轉重心後移，右手下沉，左手前移，杆頭向上，重心落於右腿，目視杆頭。兩手執杆向下合勁，含有小圓圈，左手背上翻，右手掌向上，和開合式相反，重心分落兩腿，目視杆頭。

承上式，右手隨腰腿向前發杆，杆向前刺，左

手不動，杆在左手掌中滑出。為右手發杆，左手托杆。重心移於左腿，式為左弓步，目視杆頭。執杆發勁中猶如杆內灌有水銀，發後復收，歸還原狀，來回循環練習。此式為單杆樁功練習，日久最易長內勁達到功深。

【左式】

右足上步，以右手執杆，左手發杆，練法相同，唯左右手相換方向相反。此式左右得到鍛鍊，陰陽平衡。須知，徒手樁功練習易長肌肉，大杆練習易壯筋骨，周身內外達到鍛鍊，增強功力，促進健康。

第二章
二十八式簡化陳式太極拳套路圖解

一、套路名稱

第 一 段

(一)起 式

(二)右金剛搗碓

(三)攬扎衣

(四)右六封四閉

(五)左單鞭

(六)前 趟

第 二 段

(七)右掩手肱捶

(八)披身捶

(九)背折靠

(十)青龍出水

(十一)右單鞭

(十二)右雲手

(十三)左雲手

第 三 段

(十四)右野馬分鬃

(十五)左野馬分鬃

(十六)擺蓮腳

(十七)雀地龍

(十八)左右金雞獨立

(十九)右蹬腳

二、套路圖解

第一段

(一)起　式

1. 兩腳併攏，身體自然站立，肩臂鬆垂，兩手輕貼兩腿外側；頭頸正直，兩眼平視；虛領頂勁，下頜微收，舌貼上腭，舒胸展臂，斂臀收腹，呼吸自然；用意念調整身形，使身體調整到最佳狀態，意守丹田，太極形成。（圖1）

2. 左腳跟、腳尖依次緩緩提起，向左開立步，兩腳距離與肩同寬，腳尖向前，重心落於兩腳之間，目視前方。（圖2）

 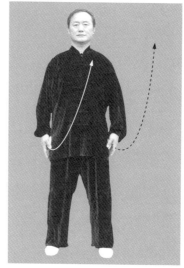

圖1　　　　　　　　圖2

要點‧寓意

（1）精神要集中，襠開有圓，身體放鬆，頭頂懸，虛領頂勁，含胸拔背，兩膝微屈，呼吸自然。

（2）太極拳勢練舒展，連綿不斷求自然。虛實分明上下隨，速度均勻式美觀。含胸塌腰沉肘練，虛領頂勁襠貴圓。上鬆下沉氣歸丹，濁氣下降於湧泉。

圖3

（二）右金剛搗碓

1.身體微左轉，兩臂微屈，左手纏絲外旋，右手纏絲內旋，手心均向外，兩手距同肩寬；屈臂平行掤舉左前方，兩腿微蹲身下沉，目視兩手之間。（圖3）

圖4

　　2.式動不停，兩腿屈膝下蹲，重心移至左腿，隨右轉體，右腳以腳跟為軸，腳尖外擺約90°，隨轉體兩臂微屈內收；左手外旋，右手內旋，手心向外，向右平擺，至身體右側前方；兩手腕略低與肩平，指尖向左，手心向外，目視左手前方。（圖4）

圖5   圖6

3. 身體重心移至右腿，左膝提起，腳尖下垂，以腳跟內側貼地面向左前方鏟出，同時兩手向右後方平推；手心向外，指尖向上，兩手距與肩寬，眼看左前方。（圖5、圖6）

圖7　　　　　　　　　圖8

　　4. 身體重心左移，左腳踏實，身體微左轉，隨之左手臂內旋，屈肘橫於胸前，手心向外，右手外旋向下，向右畫弧於右膝旁；手心斜向下，重心移至左腿，隨左轉體右腳向前上步，腳尖點地成虛步，右手畫弧外旋前撩至右腹前；掌心斜向上，指尖斜向下，左手畫弧外旋回收，掌心向下，左指貼合於右手小臂，眼看右手。（圖7、圖8）

圖9

5. 右掌變拳屈臂上舉至與鼻同高，拳心向內，左掌落於腹前，掌心向上，右腿屈膝提起，腳尖自然下垂，隨即右拳下落砸擊在左掌心上；同時右腳向左腳內側踏地震腳，兩腳距約40公分，眼看前下方。（圖9、圖10）

圖10

■要點●寓意

（1）動作要連貫一致，分清纏絲勁的規律，內含掤勁，屈膝鬆胯，精神飽滿，砸拳與震腳要一致。

（2）練好太極金剛式，周身輾轉手足齊。虛實分明君須記，搗碓一用斷子孫。

圖11　　　　　　　　　圖12

(三) 攬紮衣

1. 身體微左轉，重心偏右腿，隨之左手托右拳向左、向上畫弧至左肩前，身體右轉，右拳變掌，手臂內旋後兩腕交叉；隨式兩手向前兩側分開，右手向上、向右畫弧纏絲掤至右肩前上方，左手向下、向左畫弧下採至左胯旁。（圖11、圖12）

圖13

　　2. 式動不停，重心移至左腿，屈膝疊胯下沉，右腿向上提起，同時右手下落至右膝上方，左手向上畫弧繞舉至前方，腕高與肩平。（圖13）

圖14

3. 式動不停，左腿屈膝身下沉，右腳以腳跟內側貼地向右鏟出，同時左手向右、向下畫弧，右手向左、向上畫弧，兩手臂在胸前相合交叉；右手在外，手心斜向下，左手於胸前，手心朝右後方。（圖14）

4. 重心右移，上體微左轉，右手內旋，手心向外；左手外旋，手心斜向上，重心繼續右移成右偏馬步，身體隨之略右移；右手向上向右平行經過額前畫弧至右前方，前臂外旋，塌腕立掌，腕與肩同高，左手屈肘下落至腹前，手心向上，目視右手。

圖15

圖16

（圖15、圖16）

■要點◎寓意

（1）手腳動作要協調一致，注意兩手合勁、兩腿開勁的用法。架式要舒展，做好沉肩墜肘、旋臂塌腕、斂臀圓襠、鬆腰沉胯、氣沉丹田。

（2）藝人不識攬紮衣，左屈右伸抖神威。伸中寓屈誰人曉，屈中藏伸識者稀。襠中分峙如劍閣，頭上中峰似旋機。千變萬化由我運，下體兩足定根基。

（四）右六封四閉

1. 上體微左轉，重心左移，隨即上體再微右轉，重心隨之右移，同時右手以腕為軸向內向外旋轉一圈，左手輕貼左腹向左向上內旋，屈腕上提，自外旋繞一小圈，目視右手。（圖17、圖18）

2. 身體微左轉，重心左移，同時右手外旋下捋，左手指輕貼左腹外旋向下，上體微右轉重心左移，右手繼續外旋向下、向左，屈肘向上畫弧至右

圖17

圖18

圖19

胸前，掌心向左後方；左手內旋，小拇指側輕貼左肋，屈腕並向左、向上滾轉翻平，掌心向右；上體再左轉，重心左移，兩手腕相搭，左手在裏，右手在外，使兩手捧合於胸前；隨轉體合勁向右上方擠，而右手內旋，掌心向外，左手外旋掌心斜向內，目視右手。（圖19、圖20、圖21）

3. 兩腿同時屈膝半蹲，兩手下沉，隨即上體微左移，重心左移，同時左手經下向左畫弧，當經胸

圖20

圖21

圖22　　　　　　　　圖23

前時，內旋轉腕，屈肘屈腕以手背一側關節弧形向
左上方挪至左耳側，勁貫手背；腕與肩平，五指斜
向下，小指、無名指、中指依次內收，右手外旋，經
下向左、向上畫弧托於右肩前方，右掌略低於肩，掌
心向上，指尖朝右，眼看右掌。（圖22、圖23）

　　4. 上體左轉，兩臂屈肘，前臂內旋，掌心向
上，掌指向外、向後分擺於肩上，重心移至右腿，
左腳屈膝再外展收至右腳內側，腳尖點地，兩腳相

圖24　　　　　　　　圖25

距40公分；上體右移，隨轉體兩手向右、向下按至右胯旁，虎口斜相對，掌心斜向下，眼看兩手之間。（圖24、圖25）

要點　寓意

（1）身體端正，動作開合、轉變要以腰為軸，手走纏絲，內含掤勁。

（2）六封四閉擺採變，順勢左擺塌外輾。上引下鬆隨敵意，跟步雙按閉中封。

圖26　　　　　　　　圖27

（五）左單鞭

1. 身體微右轉，左手內旋，中指尖向右前方穿出，再外旋翻掌向上，右手外旋，經左掌下屈肘收於左臂內側，掌心向上；上體左轉，右手內旋變為勾，經左掌心上向右前方上提，手腕略低於肩，勾尖向下，臂微屈；左手屈肘收於腹前，眼看右手。（圖26、圖27）

2. 身體重心移至右腿，屈膝下蹲，左腳提起以腳跟內側貼地向左鏟地蹬出，眼看左腳。（圖28、

圖28

圖29

圖29）

圖30

3.左腳尖落地踏實，左腿屈膝，重心左移，再右腿屈膝，重心移至右腿，左掌由腹前向右上托至右肩前時，內旋掌心轉向外，隨即重心再左移成左偏馬步，左掌向左經胸前畫弧至左側方；腕略低於肩，掌指斜向上，掌心斜向前，眼看左手。（圖30、圖31、圖32）

要點◎寓意

（1）逆順纏絲，鬆肩墜肘，沉腕舒指，鬆腰沉

圖31

圖32

胯，裹襠斂臀，氣沉丹田。

（2）單鞭一勢最為雄，一字長蛇畫西東。擊首尾動精神貫，擊尾首動脈胳通。中間一擊首尾動，上下四旁扣如弓。若問此勢何妙處，須尋脊背骨節中。

（六）前　趟

1. 身體先左轉再右移，同時左腳向內收半步，重心移至右腿，左手向下、向內、向前畫弧外旋，屈肘內旋，以右手腕附於左前臂內側，兩手成交叉式，眼看雙手。（圖33、圖34）

2. 身體向左轉，兩手臂交叉、旋腕，掌心翻向外，重心左移，屈膝半蹲；右腳經左腳內側向右橫邁一步，兩掌隨重心右移向左、向右側畫弧展開，兩腕同肩平，兩臂微屈，指尖朝上，掌心向外，眼看右手。（圖35、圖36）

要點◎寓意

（1）要穩，兩手左、右分掌要協調一致，舒臂

圖33

圖34

圖35

圖36

第二章　二十八式簡化陳式太極拳套路圖解／73

擴胸，沉胯斂臀，沉肩墜肘，坐腕立掌，神態自然。

（2）前趨式子最有情，要看悟道明不明。天機傳神妙自然，軀體輾轉意在心。果能識得拳中趣，三十六宮都是春。

第二段

（七）右掩手肱捶

1. 右轉體，重心左移，兩臂向兩側伸展，左手內旋，手心斜向下，右手外旋，手心朝上；右腳蹬地屈膝提起，腳尖自然下垂，隨之右臂屈肘、右掌內旋變拳，收至腹前，拳面斜向下，左臂屈肘，與右手握拳在胸前相合，左掌附於右臂上，眼看前下方。（圖37）

2. 左腿獨立穩定重心，右腳下落踏地震腳，隨即左腿屈膝提起，左腳向左前方鏟地蹬出。重心左移，左腿屈膝，左腳踏實，重心下降，上體微右轉，兩手在胸前合勁，眼看右拳。（圖38、圖39）

圖37

圖38

圖39

圖40　　　　　　　　圖41

　　3. 身體左轉，重心左移，左手外旋，右手內旋，分別向左上、右下畫弧分開；左掌心向外，右拳心向後，身體微左轉，重心稍右移，右臂屈肘；右拳外旋向上、向左、向下收於胸前，拳眼向外；左臂屈肘，左手外旋向右、向下畫弧置左肩前；掌心向上，拇指和食指伸直，其餘三指彎曲於手心，眼看左手。（圖40、圖41）

　　4. 身體微右轉，隨即再向左旋轉，重心左移，成左弓步，右腿微屈，左手快速收於左肋前，手心

圖42

輕貼左肋，手指向前；右拳隨轉體蓄勁，內旋經左臂上向前方打出；拳與肩平，臂微屈，眼看右拳。（圖42）

■要點◐寓意

（1）前動作要蓄勁纏絲，後動作要以發勁為主；注意快慢相間、動靜分明，充分體現周身的合勁；發拳時應將周身的蓄勁通過肩、臂迅速達於拳面，發勁要體現出脆快的冷彈勁，蓄勁如張弓，發

勁似放箭，曲中求直。

（2）掩手肱捶意在先，兩手蓄勁身法健。發力全在腰轉急，羅漢堂前展肱拳。

（3）掩手肱捶練手捶，左引右擊見肱拳。前發後塌勁要鬆，發勁全在腰胯中。

（八）披身捶

1. 身體左轉重心右移，隨轉體左手變拳外旋，向左、向前、向上畫弧撩出同肩高；右拳同時內旋，屈臂經左前方，收於左肋內側下方，兩拳心斜向上，眼看左拳。（圖43）

2. 重心繼續右移，身體右轉，隨轉體右拳向下、向上經腹前內旋畫弧一圈，至右肩前；拳同肩高，拳心向裏，左手臂屈肘，左拳向右經面前外旋向下畫弧至右胸前，眼看右拳。（圖44）

3. 身體微左轉，重心移向左腿，同時左拳向下、向左畫弧經腹前置於左腰間，拳心向上；右臂屈肘外旋，右拳向右、向前再向左畫弧置於右肩前，拳同肩高，拳心向裏，眼看右拳。（圖45）

圖43

圖44　　　　　　　　圖45

要點⊙寓意

（1）兩臂畫弧繞圈應為順逆纏絲，雙臂、雙手合勁與腰胯旋轉以及重心的轉移要協調一致。

（2）披身捶勢不好傳，兩腳分開三尺寬。頂勁領起斜寓正，襠間形成半月圓。因勢下打連環肘，左引右撥靠右肩。

（九）背折靠

身體重心左移，上體擰腰左轉，同時左臂屈肘，左拳內旋，拳面貼於左腰間，右拳外旋屈腕向左畫弧置於左肩前；然後重心右移，上體向右擰轉，隨之右拳內旋屈肘向右上方掤架；拳置於右額前上方，拳心向外，左拳面緊貼腰左側，左肘臂下沉內扣，右背向外靠出，眼看左腳尖。（圖46、圖47）

要點⊙寓意

（1）背後靠肘時上身不可後仰，仍要保持立身中正，掤勁要足，右臂先掤架，隨即沉肩扣肘，背

圖46

圖47

部向右方靠擊；特別要注重手、肘、背、胯合勁的協調運用。

（2）背折靠勢擊為先，周身合勁帶斜纏。右拳落在神庭上，左拳頂住左腰間。身似斜臥微帶扭，眼神視定左腳尖。右肩下打七寸靠，背折一靠更無偏。

（十）青龍出水

1. 上體先微左轉後再向右轉，重心隨之左移再向右移；隨轉體左拳變掌，四指伸展，拇指內扣向右前下方彈抖撩擊，重心後移至左腳，右拳弧形內收下壓置於左胸旁，拳眼斜向前，眼看左掌。（圖48）

2. 身體迅速右移，重心移向右腿成右偏馬步；右拳內旋向右前下方發出，至右膝前上方，臂肘微屈，拳眼斜向裏；左掌在發右拳的同時，屈肘收貼於左腹部，掌心向裏，五指成「八」字形，眼看右拳。（圖49）

圖48

圖49

3. 重心後移，身微右轉，隨轉體右拳外展於胸前，拳心向下；同時左手畫弧前伸，指尖向前，掌心向上，目視左手。（圖50）

4. 右手拳隨左轉體，屈臂合勁順纏絲，隨即腰右轉，右臂逆纏，用肘頂擊右肩前，力達肘尖；左掌變拳同時後撤貼於左腰前，目視右肘。（圖51）

■要點●寓意

（1）步法要低沉穩固，圓襠活胯，以腰為軸，左右旋轉纏繞，迅速抖發，撩掌、收拳、發拳要形成對拉勁；注重轉腰沉胯，內含列勁，用肘頂擊時要力達肘尖。

（2）轉腰疊胯右肘頂，右引變法纏絲勁。左掌前撩右拳擊，連環擊打勁集中。用肘全在合住勁，肘擊一用要真魂。

圖50

圖51

(十一)右單鞭

1. 身體重心後移，隨左轉體兩手左逆、右順再逆纏絲向左捋至身體前方；雙手虎口斜相對，右腳內收半步，腳尖點地，重心落於左腿，屈膝半蹲，目視兩手中間。（圖52）

2. 身體略左轉，重心全部移至左腿，屈膝隨腰軸轉動；右掌向外旋推，掌心向下，左掌旋腕翻轉在下，掌心向上；隨即內旋成勾手，經右手心向左前方上提，腕略低於肩，手勾尖朝下，臂微屈，右手屈肘收至腹前，眼看左手。（圖53）

3. 身體重心在左，左腿屈膝下蹲，右腳提起，腳尖朝下，眼斜視右側。（圖54）

4. 右腳以足跟內側貼地向右鏟出。（圖55）

圖52

圖53

圖54

圖55

圖56

5. 右腳屈膝，重心右移，右掌以右肘為力點帶至右腹前，目視左手；左腿屈膝，重心左移，右掌由腹前向左上伸托至左肩前，目視左手。（圖56、圖57）

6. 隨即重心右移，右臂外旋，掌心轉向外，右掌經胸前向右畫弧至右側，腕略低於肩，掌指斜向上，掌心斜向前，成右偏馬步。（圖58）

圖57

圖58

■要點◉寓意

（1）單鞭是運用脊背來帶動腰轉，且勁圓沉穩；勁是通過脊背、肩、肘、臂行於手指。達到穩不滯，輕不浮，顯得沈著輕靈，撐腰塌胯，含胸拔背，氣沉丹田。

（2）單鞭式如蛇，一手成掌，另一手成勾手，以手臂擊人為鞭，以單手擊人稱之為單鞭。

單鞭一勢誰知曉，擊我頭部用尾掃。擊我尾部回頭咬，擊我身軀著尾保。

（3）東擊西打是單鞭，左右兼顧列兩邊。長蛇一字式莊重，左右運行纏法玄。研究功力真太極，動靜開合渾然現。

圖59

(十二)右雲手

1. 身體重心左移落於左腿，右腳向左腳內側收落，相距約30公分；左腳踏實後，右腳尖點地，兩腿屈膝而立；左勾手變掌外旋，右手內旋屈臂於體前，高與腹平，指尖向左，掌心均向外，眼看左掌。（圖59）

圖60

2. 身體微左轉，重心移於左腳，隨之右腳向右橫開半步；隨即重心右移，左腳向右腳後方插步，腳前掌著地；兩掌旋轉，左掌向下向右，右掌向上向右，畫弧於右胸前，指尖朝前，掌心向右外方，眼看右掌。（圖60、圖61）

3. 右腳向右橫開一步，左臂屈肘，左掌心向上；右臂微屈，掌心向下；兩腳半蹲成偏馬步，眼看左手。（圖62）

圖61

圖62

圖63

4. 重心右移，扣左腳成右弓步。（圖63）

5. 重心左移至左腿，右腿提膝，右腳內扣，左臂向內、向右、向前，經右小臂上繞至右小臂上外旋翻掌，向左前伸臂橫掌擊出，掌心向下；同時右小臂外旋，掌心向外，向右下收至腹前，掌心向上，眼看左掌。（圖64）

要點⊙寓意

（1）右雲手同時做兩個插步，雲手兩手運行

圖64

時，高不過額，低與腹平，在體前雲轉纏繞；手腳
運行要協調一致，並以腰部的轉動來帶動上下虛實
變換。

（2）插步轉體運兩個，上下雲轉不停留。自古
太極皆如此，何須身外望營求。

（3）兩手雲中間，左右各循環。手中有形物，
畫出水中天。

圖65

（十三）左雲手

1. 身體右轉，右腳在左腳內側下落踏震屈膝，隨即左腳跟提起，腳尖點地；兩手隨即轉體畫弧，右手外旋向上於右肩前，掌心向下，左手內旋向下，向右畫弧於右腹前，指尖向右前，掌心向右上，眼看右掌。（圖65）

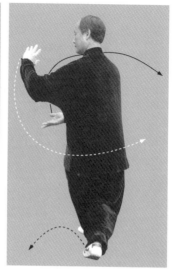

圖66　　　　　　　圖67

2.身體重心右移，左腳提起向左側橫開步，右腿屈膝半蹲，身體微右轉；隨即兩手掌繼續向左畫弧，右腳向左腳後插步，左掌略高於肩，掌指向上方，掌心向前，右掌在左腹前，掌心向左，眼看左掌。左雲手在運行中同於右雲手做兩個倒插步，即雲手唯有方向相反，眼隨式動。（圖66、圖67）

■要點●寓意

左雲手與右雲手相同，唯左右方向相反。

第三段

（十四）右野馬分鬃

1. 身體略右轉，橫開左步。隨即重心移向左腿，屈膝半蹲，右腳尖點地成右虛步，隨即右轉體；右手外旋經胸向上、向右畫弧翻掌，手臂微屈，掌指向右前，掌心向上；左掌內旋向下、向右畫弧翻掌於左胸前，與肩同高，掌指向前，掌心向左後方，眼看右掌。（圖68、圖69）

2. 左腳屈膝站穩，右腳屈膝上提與腹高，自然下垂，腳尖斜向下；右手向上托，置於右膝前上方，左手向右、向後畫弧外旋置於身體左側方，腕同肩高，指尖朝左前方，掌心朝外，眼看右手。（圖70）

3. 左腿屈膝下蹲，右腳以腳跟內側向右前鏟出，右腳隨即踏實、屈膝成右偏馬步；左手外展下壓，指尖向左前上方，掌心向下，右手向右前上方穿出，指尖同鼻高，掌心向右後方，眼看右手。

圖68　　　　　　　　　　圖69

圖70

圖71

（圖71）

■要點☯寓意

（1）穿掌與鏟腳要協調一致，式有含胸、坐胯、裹襠、屈膝等要素。

（2）一人獨入敵群中，將用何法禦英雄。唯有飛身擊左右，巧取可以建奇功。

（3）兩手擦地轉如飛，一線連接式無奇。千軍萬馬應在急，左右連環破敵欺。

圖72

（4）野馬分鬃穿襠靠，雙手開合步輕鬆。雙手擦地如風轉，留下古法世代傳。

（十五）左野馬分鬃

1. 身體右轉，右腳外展，重心移至右腿並屈膝；左膝提起，膝同腹高，腳自然下垂，同時右手內旋，掌心向內再向外、向右畫弧至身體右側，腕稍高於肩，指尖朝右前方，掌心向外；左手向下、向右、向上外旋畫弧至膝前上方，眼看左手。（圖72）

圖73

2. 右腿屈膝下蹲，左腳以腳跟內側貼地向左前鏟出，重心移向左腿，左腳落地踏實，屈膝成左偏馬步，同時右手下壓微外展，指尖朝右前上方，掌心向下；左手向左前方穿出，指尖同鼻高，掌心向左後方，眼看左手。（圖73）

要點 ☯ 寓意

同右野馬分鬃，唯方向相反。

圖74

(十六)擺蓮腿

1. 上體微左轉，身體重心移向左腳；左手向左前方伸，腕同肩高；右手向前、向左畫弧於左肩前，右腕高於肩，掌心向外，眼看左前方。（圖74）

圖75

2. 身體右轉，重心右移成右偏馬步；左手內旋向右、向下畫弧於左腹前，掌心斜向下，右手經腹前畫弧至右胸前。（圖75）

圖76

3. 接上式，身體左轉，重心移向左腿，同時兩手向下、向左、向前再向右畫弧，左手於右腰前，指尖向右下方，掌心斜向下；右手於右胯旁，指尖向右下方，掌心斜向下，同時右腿收於左腳內側，右腳尖點地，眼看右手。（圖76）

圖77

　　4.重心移至左腿微屈，右腳向左、向上、向右畫弧，向外擺腿，右腳面依次擊左、右手，眼看左、右手。（圖77、圖78）

圖78

要點⊙寓意

（1）兩手纏繞蓄勁，要求鬆肩垂肘，含胸拔背，氣下沉；外擺

腿肘，先穩固重心的平衡，然後迅速起腳拍腳。

（2）上體雙手倒轉弓，先禦臂肱讓英雄。趁勢手腳兩相擊，左腳橫擺勢成功。

圖79　　　　　　　　圖80

（十七）雀地龍

1. 右腿下落於左腳內側，並屈膝踏地震腳，同時左腳跟迅速提起，雙手掌變拳從右、左兩側向下、向前畫弧合於腹前，左拳心向下，右掌心向上，眼看前方。（圖79、圖80）

2. 右腿屈膝下蹲，左腳尖翹起，以腳跟貼地向前鏟出；右膝裏扣，鬆胯合襠下沉，臀部、右膝內

圖81

側和左腿後側貼地，右臂微屈，右拳經面前向上、
向右、向後畫弧舉於右肩後上方；拳心向外，拳眼
向左前；左手拳向下隨左腳鏟出前伸，拳心向上，
拳眼向左，眼看左拳。（圖81）

■要點◉寓意

（1）精神要集中，立身中正，屈腿鏟腳要儘量
做到貼地，雙手如張弓，互為掤勁。

（2）左腳擦地蹬自利，右股屈住膝挨地。盤根
之中伏下意，勢可挨地又離地。

圖82

（十八）左右金雞獨立

1. 右腳蹬地，重心移向左腿成左弓步，同時右拳下落與肩平，左拳內旋隨弓步向前上伸舉，拳略高於肩。（圖82）

圖83

2. 接著上體左轉（胸向前），隨之重心全部移至左腿，右腳屈膝向前移，腳尖點地落於體前；左臂屈肘，左拳橫於胸前，拳心向下；右拳順纏前沖，在胸前架於左臂上，拳心向內。（圖83）

圖84　　　　　　　　　圖85

3. 右拳變掌，經胸前外旋、向上從左前臂內側穿出，掌心向上；左拳變掌下落於左胯旁，掌心向下，右膝提於腹前，眼向前平視。（圖84）

4. 左腿屈膝下蹲，右腳下落於左腳內側踏地，兩腳相距約40公分，同時右掌隨右腳下踏按於胯右側；左掌稍抬起與右掌同時按於左胯旁，兩掌指尖均朝前，掌心均向下，兩眼平視。（圖85）

圖86

5.上體微右轉，重心移向右腿，同時雙掌隨轉體向下、向右畫弧，接著上體左轉，重心移至左腿，並繼續下蹲；右腳提起，腳尖上翹，以腳跟內側貼地向右鏟出，同時兩臂微屈，左掌逆纏，右掌順纏，兩掌同時向上、向左畫弧；左掌伸於身體左前方，腕同肩高，指尖朝右前方，掌心向左前方，右掌伸於胸前，指尖朝右前方，掌心朝左前方，眼看右掌。（圖86）

圖87

6. 身體略左轉，隨之左手先逆纏外旋再順纏內旋，左掌向左、向下畫弧，再握拳提在胸前，拳心向內；右掌先順再逆掌變拳，屈肘橫於胸前，拳心向下，此時重心右移，右腳屈膝下蹲；左腳右移微提於右腳內側，腳尖點地，左拳變掌從右前臂內側穿出，掌心向上，勁達掌根，重心全部移至右腿並微屈，左腿屈膝提起，膝同腹高，腳尖自然下垂，右手落於右胯旁，掌心向下，眼向前平視。（圖87、圖88）

圖88

要點 ☯ 寓意

（1）一手上穿，一手下按要協調一致，要有上下對拉勁，以加強獨立平衡的穩定性。

（2）縱身直立手擎天，左手下垂似碧蓮。金雞一勢成獨立，又防右膝暗中懸。只說右手上托天，誰知左膝又出現。不到眞難休使用，此勢一用廢三餐。

圖89　　　　　　　　圖90

（十九）右蹬腳

1. 左腳下落於左前方，重心前移，左腿屈膝成左虛步，同時身體略向左轉，左掌向左後、向下向前畫弧於胸前，掌心斜向右下方；右手向上、向前合勁於左掌前側，手心向下，眼看雙手。（圖89）

2. 身體稍向左轉，重心移至左腿，右腿屈膝後向上提起，雙手內旋收於胸前，掌心均向前下方，眼平視。（圖90）

圖91

3. 左腿屈膝站立，右腿由屈到伸，腳尖翹起，以腳跟為力點，向右前方快速蹬出，腿直，腳高於腰；右拳變掌向右前方推出，臂微屈，腕與肩同高，左拳變掌架於頭左上方，手心均向左，左臂微屈，眼看右手。（圖91）

要點 ☯ 寓意

（1）蹬腳和架推掌要同時完成，快速發力時身體要端正，穩定重心，腳腿、臂掌雙勁順發，勁達

圖92

於掌根、腳跟。

（2）身法端莊勁無偏，左腳前踏列中間。右腳
向東蹬一腳，勢如一木衝破天。兩手忽聚又忽散，
浩然元氣頭頂懸。

（二十）順鸞肘

1.右腿蹬後屈腿收回，下落於左腳內側，足尖
先著地；同時雙手向左、右兩側分落，臂微屈，掌
心斜向外，眼看右掌。（圖92）

圖93

2. 重心左移，右腳提起以腳跟內側貼地面向右鏟地蹬出，同時上體左轉，兩臂向下、向內合臂交叉於左胸前；左臂屈肘，前臂橫於右肘彎上，左手立掌於右肩前，手心向右下方；右臂向左前直伸，手至左膝上方，手心向左上，眼看右手。（圖93）

 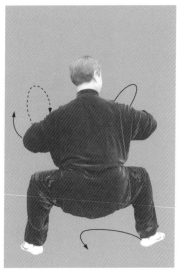

圖94　　　　　　　　　圖95

3. 兩腿屈膝下蹲成馬步，重心右移，兩臂均屈肘疊臂合勁交叉於胸前；兩掌變拳，拳心向下，而後上體迅速微右轉，兩臂儘量屈肘，以肘尖為力點向兩側後下方發勁頂出，眼看右側。（圖94、圖95）

要點◉寓意

（1）兩手相交要做好蓄勁、合勁，隨即發寸勁，頂肘要具備馬步，圓襠，兩拳不離身，沉氣發力，以沉勁催力，勁達肘尖。

圖96

（2）用肘全在合住勁，腰胯沉勁襠貴圓。制敵必須使用肘，順鸞一肘能破天。

（二十一）倒捲肱

1.承上式，重心移於左腿，右腳收點於左腳內側，成右丁步；同時兩拳變掌橫臂交叉於胸前；左臂橫於上，掌心向下，指尖向左下，右臂橫於下，掌心向後，指尖向前；眼斜視左手。（圖96）

圖97

2. 承上式，身微左傳，沉胯塌腰，右腳向後方弧形擦地退步，左手立掌前推，指尖斜向右前方，掌心向右下；右手向下向後畫弧落於右胯外側，指尖向前，掌心向下；眼視左手。（圖97）

3. 身體向左轉，重心後移，左腳掌輕貼地面經右腳內側向左後方弧形擦地退步，兩腿屈膝下蹲成右偏馬步；隨轉體右臂屈肘，右手經右耳旁向左前從左手臂上展臂推出，腕稍低於肩，指尖向左前

圖98

方，掌心向下；左手隨轉體向前、向右、向下、向
左畫弧於左胯旁，指尖朝左前方，掌心向下；眼看
右手。（圖98）

4. 身體右轉，重心後坐，右腳掌輕貼地面經左
腳內側向後右方弧形擦地退步，成左偏馬步，隨轉
體左臂屈肘，左手經左耳旁向左前從右臂上展臂推
出，腕略低於肩，指尖朝右前方，掌心向下；右手
隨轉體向前、向左、向下、向右畫弧於右胯旁，指

圖99

尖向右前方，掌心向下，眼看左手。（圖99）

要點‧寓意

（1）上下相接，手腳相應，雙手互應，合勁纏絲順應，擦地退步與推掌要協調輕靈，神態自然。

（2）退中有進用法精，採挒肘靠退行中。擊前顧後皆倒轉，兩手車輪轉無聲。

圖100

第四段

（二十二）二起腳

1. 右腳升起微屈，左腳隨即向前左活步，腳尖點地，同時左掌變拳向上、向前、向下畫弧落於左胯前，拳心斜向下；右掌變拳向下、向後、向上畫弧上舉，稍過於頭，拳心向左，眼平視前方。（圖100）

圖101　　　　　　　　圖102

2. 左腳跟向前半步落實，重心移向左腳並屈膝，上體微左轉，隨之右拳外旋向前下落，左拳向後、向上畫弧至左額外上方，拳心向右，眼看前方。（圖101）

3. 接著右腳向前上步，屈腿，重心移至右腿，上體稍前傾，同時右拳向下、向右後、向上畫弧至右額外，左拳向前畫弧至左肩前，眼看前方。（圖102）

圖103

4. 隨即左腿屈膝上擺，右腳踏地，身體騰起；右腿在空中由屈到伸向前上踢擺，腳至胸高時，右拳變掌向前下擊拍右腳面；左拳變掌向下、向左畫弧上舉，同肩高，掌心向下，眼看右手。（圖103）

要點⊙寓意

（1）騰空跳躍要輕靈，上步擺臂要協調連貫，拍腳要準確。

（2）左引右擊踢二起，虛虛實實應敵使。不是平日空中躍，何來左右連環踢。

（3）中氣運足勁力剛，連環兩起上飛揚。若無精煉巧中取，西擊何能過鼻梁。

（二十三）雙震腳

1. 左腳落地，右腿屈膝下蹲，在右腳即將落地時，左腳蹬地向後跳起，右腳、左腳依次向後落步；兩腿屈膝，重心偏於右腿；同時兩手落於體前方，右手同肩高，左手同胸高，兩掌內旋，掌心向斜下，眼看前下方。（圖104）

2. 身體重心移向左腿並屈膝，右腿稍後撤，腳尖點地成右虛步，上體微左轉，兩掌由兩側下落，先外旋再向內相合，掌心向上托於胸前，右手在前，左手在右肘內側，眼看右掌。（圖105）

3. 接上式，右腳跟落地踏實，兩腿屈膝，同時兩掌內旋下按，略低於胸，眼看右手。（圖106）

圖104

圖105

圖106

圖107

4. 右腿屈膝上提，左腳蹬地跳起，兩掌同時內旋裹勁上托，右腕略高於肩，左手在右肘內側，左腳、右腳依次下落踏地，同時兩手外旋下按於腹前，右手在前，左手在右肘內側，掌心均向下，眼看右手。（圖107、圖108）

要點●寓意

（1）兩手臂內裏上托與提腿震腳要協調一致，使身體躍起，兩腳依次下落，踏地發力震腳作響。

（2）退步落腳腰胯鬆，兩手纏托合中峰。雙腳躍起掌擊落，手足連擊建奇功。

圖109

(二十四)退步跨虎

1. 重心落於左腿，右腳向後擦地弧形退步落
實，成左弓步，兩臂合勁內收於體前；兩手低於肩
平，左手在前，右手在左小臂內側，掌心向下，指
尖均向前。眼看前方。（圖109）

圖110

2. 身體略向右移，重心移於右腿，左腳踏實，隨轉體兩手先向左前掤出，再向右下方捋，手心均向右，指尖斜向體前方，眼看左前方。（圖110）

圖111

3. 右腳外擺，左腿踏實，身體左轉，重心移於左腿，隨左轉體225度，右腳向體前跨馬式擺蓮，右膝提於腹前，腳尖自然下垂；兩手旋腕轉臂，平捋於體前，掌心向右外方，眼看左手。（圖111）

要點 ☯ 寓意

（1）轉體抬腿、擺腳、胯馬式要穩健、協調一致。

（2）強健身軀似嬰柔，虛虛實實勢不丟。陰陽

圖112

開合隨機用，退步跨虎見英雄。

（二十五）轉身擺蓮

1. 身體繼續左轉（胸向東南），右腳落實，重心移至右腿，左腿微屈，左腳提起，腳尖點地，同時兩掌隨身體左轉向左畫弧；左掌置於左側，掌心向下，右掌置於左胸前，掌心向下，指尖朝左，眼看左前方。（圖112）

圖113

2. 重心全部移於右腿，左腿由屈到伸向右、向上、向左畫弧擺起，擺至胸高時右手、左手依次向右擊拍左腳面。（圖113）

■要點 ☯ 寓意

（1）動作要連貫，在擺腳之前，左腿要屈膝合胯，轉腰鬆腕，拍腳要迅速有力、準確。

（2）上體雙手倒轉弓，先禦臂肱讓英雄。呈勢手腳兩相擊，左腳橫擺勢成功。

圖114

（二十六）當頭炮

　　1. 左腳向左後落地，上體右轉，同時兩手向右
前方推出，掌同肩高，兩掌心均向外，指尖朝左
前，眼看前方。（圖114）

圖115

2. 重心移於左腿，身體微左轉，兩手向下、向左畫弧握拳；左拳收於腰間，拳心向裏，右拳收於腹前，拳心向上，眼看右前方。（圖115）

3. 重心移向右腿，兩腿屈蹲，上體微右轉（胸向東南），右臂屈肘橫於胸前並與左拳同時向右前掤擊，右拳與左胸同高，拳心向裏，左拳在右前臂內下方，臂微屈，拳眼向上，眼看右前方。（圖116）

圖116

要點●寓意

（1）此勢要發內在撣抖勁，發勁時左腳蹬地，屈膝沉胯，迅速轉腰，力達拳臂發力掤擊。

（2）開合剛柔順自然，一陰一陽理循環。當頭一炮人難防，動靜剛柔太極拳。

圖117

（二十七）左金剛搗碓

1. 身體重心稍向右腿移動，兩拳變掌，右手外旋，左手內旋，兩掌心均向外，向右前掤出至同胸高，指尖朝左前，眼看右前方。

2. 接上式，重心微前移，再身體左轉，重心落於左腳，兩掌向前、向左翻掌畫平弧，右手同胸高，左手同肩高，掌心向後，指尖向左前，眼看前方。（圖117）

圖118

3. 右腳外撇，重心移於右腿，身體右轉（面向南），左腳向前上一步，腳尖點地成左虛步，同時左手畫弧外旋前撩至左腹前，掌心斜向上，指尖斜向下；右手向下、向上畫弧前撩後回收，掌心向下合於左臂上，眼看前下方。（圖118）

圖119　　　　　　　　　圖120

4. 動作與右三金剛搗碓相同，唯左右方向相反。（圖119、圖120）

（二十八）收　式

1. 兩腳踏實，兩腿緩緩直起，同時左拳變掌，兩掌向上托於胸前，掌心均向上，眼平視前方。（圖121）

2. 兩腿直起，兩臂內旋，掌心向下，兩臂慢慢下落於身體兩側，然後重心左移，左腳向右腳併攏直立，眼向前平視。（圖122、圖123）

圖121

圖122

圖123

■要點 ☯ 寓意

（1）精神要集中收斂，動作要沉穩、緩慢，勁力貫始終，呼吸要自然。

（2）千遍萬遍堅持練，招到熟時巧自生。招招揣摩漸悟勁，勢勢細研不放鬆。拳技結合推手練，推手用到技擊中。功夫不負苦練人，祝君身強拳藝精。開合剛柔順自然，一開一合理循環。一腳收回氣歸丹，動靜形消太極拳。

第三章

運動路線圖 及套路連續圖

一、 運動路線圖

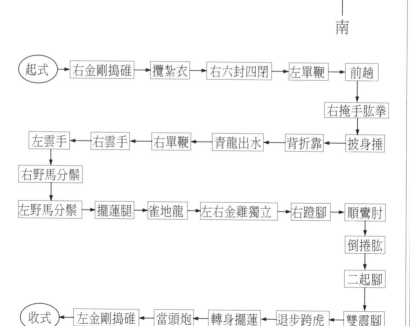

一、套路連續圖

圖1　　圖2　　圖3　　圖4

圖5　　圖6　　圖7

圖8　　圖9　　圖10　　圖11

圖12　　　　　圖13　　　　　圖14

圖15　　　　　圖16　　　　　圖17

圖18　　　　　圖19　　　　　圖20

圖21　　　　　圖22　　　　　圖23

圖24　　　　　圖25　　　　　圖26

圖27　　　　　圖28　　　　　圖30

圖29　　　　　　圖31　　　　　　圖32

圖33　　　　　　圖34　　　　　　圖35

圖36　　　　　　圖37　　　　　　圖38

圖39　　　圖40　　　圖41

圖42　　　圖43　　　圖44

圖45　　　圖46　　　圖47

圖48　　　　　圖49　　　　　圖50

圖51　　　　　圖52　　　　　圖53

圖54　　　　　圖55　　　　　圖56

圖57 　　　　　圖58 　　　　　圖59

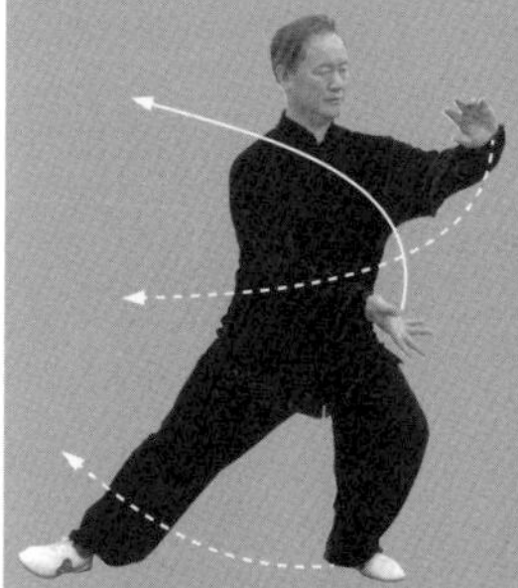

圖60 　　　　　圖61 　　　　　圖62

圖63 　　　　　圖64 　　　　　圖65

圖66

圖67

圖68

圖69

圖70

圖71

圖72

圖73

圖74

圖75　　　　　　圖76　　　　　　圖77

圖78　　　　　　圖79　　　　　　圖80

圖81　　　　　　圖82　　　　　　圖83

圖84　　　　　圖85　　　　　圖86

圖87　　　　　圖88　　　　　圖89

圖90　　　　　圖91　　　　　圖92

圖93　　　　　圖94　　　　　圖95

圖96　　　　　圖97　　　　　圖98

圖99　　　　　圖100　　　　　圖101

圖102　　　　　　圖103　　　　　　圖104

圖105　　　　　　圖106　　　　　　圖107

圖108　　　　　　圖109　　　　　　圖110

圖111　　　　　　圖112　　　　　　圖113

圖114　　　　　　圖115　　　　　　圖116

圖117　　　　　　圖118　　　　　　圖119

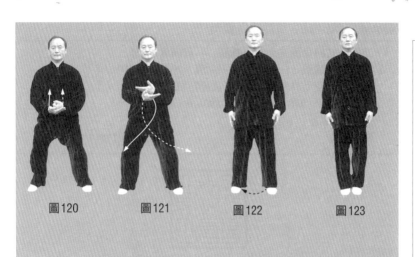

圖120　　　　圖121　　　　圖122　　　　圖123

大展好書　好書大展
品嘗好書　冠群可期

大展好書　好書大展

品嘗好書·　冠群可期